AF338431

ÉTUDE

SUR

EUGÉNIE DE GUÉRIN

PAR ALFRED GRAILHE

Membre de la Société des Lettres, Sciences et Arts de l'Aveyron.

NIMES

IMPRIMERIE TYPOGRAPHIQUE J.-B. ROUCOLE

GRAND COURS, PRÈS LA POSTE

1870

EUGÉNIE DE GUÉRIN

En 1862, un de ces hommes de lettres modestes, qui savent se passionner pour les belles choses, M. Trébutien, après avoir donné au public les œuvres de Maurice de Guérin, son ancien ami, compléta cette première publication par une autre d'une portée bien supérieure. Je veux dire celle des œuvres de la sœur aînée du défunt, Mlle Eugénie de Guérin.

Née au Cayla (Tarn), en 1805, Mlle Eugénie de Guérin mourut, au même endroit, le 31 mai 1848. Rien d'extraordinaire en apparence dans cette vie : une seule fois, elle entreprit un voyage à Paris, dans l'intérêt de son frère Maurice; ajoutez à ce voyage quelques allées et venues aux alentours, et vous aurez une vie commune, la vie que tout le monde mène à

la campagne, vie ennuyeuse et monotone pour q
conque ne sait pas la bien remplir et la poétiser.

La famille de Guérin, originaire d'Italie, s'étal
en France au IX⁵ siècle. Elle s'appela Guarini jusqu'
XVI⁵. Les Guarini du Cayla appartenaient-ils à la ra
de ce nom qui a fourni des chanceliers à la France, d
grands-maîtres à Saint-Jean de Jérusalem? Etaier
ils du même sang des Guérins de Vérone et de Fe
rare? Cet avocat général au parlement d'Aix, qui
exécuter l'arrêt contre les Vaudois de Mérindol (1540
était-il des leurs? Qu'importe! Pour nous, enfan
de 89 et disciples du Christ, l'antiquité du blason va
moins que la noblesse du cœur. Nous ne voulons rie
savoir des origines et de l'histoire de cette famille
sinon qu'elle faisait partie, au commencement du si
cle, de ces familles patriarcales qu'on ne voit plus a
jourd'hui. Sa fortune était modeste, et néanmoins le
pauvres qui frappaient à la porte du *chastelet* ne s'e
retournaient jamais les mains vides : les mœurs ant
ques, l'hospitalité, la pratique simple et franche de l
religion et de la charité en faisaient un toit respect
de tous. Avec la foi religieuse, on avait conservé, a
Cayla, la vieille foi politique ; on s'y découvrait pres
que au nom du roi comme à celui de Dieu. Cett
famille enfin aurait adopté volontiers la devise du
poète : *Causas non fata sequor.*

En 1817, Mme de Guérin du Cayla mourut, laissan
quatre enfants. A ses derniers moments, elle appela
Eugénie, alors âgée de douze ans, et lui fit promettre
de servir de mère à Maurice, son dernier né. Eugénie

le promit, et l'on sait avec quelle religion elle s'acquitta de sa promesse. A douze ans, les impressions se gravent profondément, surtout celles qui touchent l'âme près d'un lit de mort. Dès ce moment, la destinée de cette toute jeune fille se dessine : aimer son frère, veiller sur lui avec sollicitude et dévouement, lui tout sacrifier, avenir, fortune, santé, pour en faire un homme au dessus du vulgaire, tel fut le programme que se donnait Eugénie... à douze ans !... à l'âge où la plupart des jeunes filles délaissent à peine leur poupée !

Pendant cinq ans, elle s'appliqua à former ce jeune cœur et réussit à le tourner tout entier vers ces saintes choses qu'on appelle religion, spiritualisme, poésie. Nous n'osons pas lui faire un reproche d'avoir trop excité sa sensibilité. Les natures d'élite sont ainsi faites qu'elles ont besoin pour vivre d'une forte tension des facultés de l'esprit et des qualités du cœur.

Le collége vint après l'enfance ; Maurice le considéra comme un exil. Malgré la séparation, on ne peut constater le moindre refroidissement dans l'intimité du frère et de la sœur. Celui qui a dit le premier que les absents ont toujours tort raisonnait évidemment pour les affections communes, comme on en voit tant, et qu'un rien brise et détruit. Quoi qu'il en soit, il est certain que l'affection d'Eugénie resta la même jusqu'au jour où Maurice franchit pour la dernière fois le seuil du petit séminaire de Toulouse avec une ample moisson de couronnes.

Ce dut être un spectacle bien touchant que l'arrivée

du rhétoricien au Cayla. Son père dut le presser av
bonheur sur sa poitrine, car il fondait sur lui tout
les espérances de sa maison. Erembert, Marie et
sœur préférée durent faire de bien beaux rêves la nu
suivante, et le christ d'ivoire de la chambrette d
entendre de belles actions de grâces.

Maurice fit son cours de philosophie au collég
Stanislas. On l'y remarqua comme un très bon suje
Dans un passage qu'il fit auprès de sa famille, à la fi
de ses classes, tout le monde s'effraya de sa tristess
et du délabrement de sa santé. Rien ne lui plaisai
que les promenades avec son confident habituel : il le
remplissait d'épanchements de cœur et d'observation
sur la nature.

Une aventure, qui faillit avoir des résultats tragi
ques, vint l'assombrir encore et resserrer le lien qu
l'unissait à sa sœur. A la chasse, son fusil partit, pa
une déplorable fatalité, et mit en lambeaux le fon
de la robe d'Eugénie. Celle-ci ne douta jamais d'avoi
été sauvée par une protection visible du ciel.

Sur ces entrefaites, Maurice partit pour La Chènaie,
où l'appelait M. de Lamennais. Par un pacte touchant,
le frère et la sœur convinrent de tenir un journal quo-
tidien de tout ce qui pouvait les intéresser et de se
l'adresser réciproquement. C'est ce journal, écrit avec
une délicatesse et un laisser-aller éminemment artis-
tiques, qui restera comme le dernier mot de la per-
fection en ce genre. Depuis sa publication, des édi-
teurs *intelligents* (?), alléchés par l'accueil fait à ce
journal, ont essayé de jeter en pâture au bon public

des *mémoires* et *journaux* tout remplis de sensiblerie. Le public n'a répondu que par la froideur, et il a bien fait. Rien, en effet, n'est plus froidement guindé et plus soporifique que ces productions larmoyantes comme une tragédie de Diderot. Les femmes incomprises et les jeunes pensionnaires en écrivent par douzaines. Pauvres femmes éthérées ! mieux vaudrait pour elles pratiquer la charité, veiller près du berceau, s'efforcer, en un mot, d'approcher le plus possible le type idéal dont le christianisme a voulu faire l'ange du foyer. Mais cela peut rendre intéressantes ces filles d'Eve : parce qu'elles s'accoudent rêveuses sur un balcon et conversent avec les étoiles, en attendant le bien-aimé ; parce que, éperdues et affolées, elles glissent, comme dans un songe et sans s'en douter, sur la pente du vice, couronnées de renoncules ou de vergiss-mein-nicht, elles se croient volontiers poètes et se donnent l'air de martyres.

Tout ce qui peut exister de tendresses délicates, de mélancolie dans l'âme, de parfums exquis dans le génie, le journal de Mlle de Guérin le renferme, rehaussé par une originalité pittoresque et un style achevé. Elle écrit sans effort, naturellement, aussi éloignée de l'afféterie que du négligé. Elle parle de l'abondance du cœur et saisit toujours l'expression la plus propre, la vraie nuance : « Je ne sais, dit-elle
» quelque part, comment il est en moi d'écrire
» comme à la fontaine de couler... C'est une priva-
» tion pour moi de ne pas toucher ma plume comme
» pour un musicien de ne pas toucher son instru-

» ment. C'est ma lyre, à moi, que ma plume. Je
» l'aime comme une amie : rien ne peut m'en déta-
» cher. » Elle étend cette idée en délicieuses strophes :

Aux flots revient le navire,
La colombe à ses amours.
A toi je reviens, ma lyre,
A toi je reviens toujours.

Dieu, de qui tu viens sans doute,
Te fit la voix de mon cœur,
Et je lui chante en ma route
Comme l'oiseau voyageur.

Je compose mon cantique
Des simples chants des hameaux ;
Je recueille la musique
Qu'en passant font les ruisseaux.

J'écoute le bruit qui tombe
Avec le jour dans les bois,
Les soupirs de la colombe
Et le tonnerre aux cent voix.

J'écoute, quand il s'éveille,
Ce qu'au berceau dit l'enfant,
Ce qu'aux roses dit l'abeille,
Ce qu'aux forêts dit le vent.

J'écoute dans les églises
Ce que l'orgue chante à Dieu,
Quand les vierges sont assises
A la table du saint lieu.

Ames du ciel amoureuses,
J'écoute aussi vos désirs,
Et prends des hymnes pieuses
Dans chacun de vos soupirs.

Toute sa vie, elle nourrit avec complaisance le projet de composer pour le jeune âge un recueil de poésies dans le genre de celle que nous citons. En raison du but instructif et moral qu'elle se proposait et de sa destination, elle aurait appelé ce recueil *les Enfantines*. Elle y chanterait l'obéissance de l'enfant Jésus, Joseph, Samuel, Moïse dans les algues du Nil, Jean-Baptiste mené à trois ans au désert, Cyrille martyr à cinq ans, la mystique sainte Thérèse dévorée dès son enfance d'un immense besoin d'aimer, etc. Elle y voudrait bien parler de la vierge Eulalie, mais son âge l'effraie ; elle lui parait trop grande : elle avait treize ans. Tout cela, parsemé de fleurs, d'oiseaux, de perles, ferait un joli tableau pour l'enfance, où les petits anges épéleraient sur les genoux de leurs mères. Il est fâcheux que ce recueil, dont l'auteur ne parle plus depuis la mort de son frère, n'ait pas été exhumé comme le *journal* et les *lettres*. On doit le regretter aujourd'hui surtout où tant de parents aveugles et vaniteux relèguent au second plan l'éducation religieuse et morale de leurs enfants.

C'est une énigme d'une solution difficile qu'une vie de poète. Le poète voit tout ce que nous voyons, il éprouve tout ce que nous éprouvons, mais il le voit et l'éprouve autrement que nous. La vie contemplative l'absorbe tout entier : c'est le caractère habituel auquel on le reconnaît. Eugénie de Guérin n'a pas donné son assentiment au divorce de la vie contemplative et de la vie pratique, elle a démontré qu'il n'était pas irrémédiable. Par le fonds de sa nature, elle est bien

possédée de cette maladie du rêve ; elle a bien le
spleen, mais c'est une soif à part et nullement ter-
restre :

> Oh ! qu'est-ce que la vie ? Exil, ennui, souffrance,
>> Un holocauste à l'espérance,
> Un long acte de foi chaque jour répété !
> Tandis que l'insensé buvait à plein calice,
>> Tu versais à tes pieds ta coupe en sacrifice,
> Et tu disais : J'ai soif, mais d'immortalité !

Toute sa vie intérieure se résume en cette plainte
« J'ai souffert, je souffre encore, mais je ne sais pas
» quel est ce malaise, ni ce que j'ai de malade
» Ce n'est ni tête, ni estomac, ni poitrine ; rien du
» corps : c'est donc l'âme, pauvre âme infirme ! »
Elle a ses auteurs favoris ; saint François de Sales est
le premier. Lorsqu'elle va l'effeuillant, c'est au chapitre *des Amitiés* qu'elle tombe toujours : « C'est mon
chapitre. » Cette préférence pour l'ami de sainte
Jeanne de Chantal n'a rien qui doive étonner : les
âmes simples et aimantes vont d'elles-mêmes aux auteurs qui leur ressemblent. Elle « vivrait d'aimer, soit
père, frères, sœurs ; » il lui faut quelque chose. Lorsqu'elle n'a plus personne sous la main, elle se prend
à aimer les petites créatures du bon Dieu : un jour,
c'est un grillon, dont le *cric-cric* lui sert de chrono-
mètre et de réveil-matin ; un autre jour, une souris
blanche, des tourterelles, de petits poulets qui viennent becqueter dans sa main... « Bête de cœur ! qui
se prend à tout, s'écrie-t-elle je ne sais où ; bête de
cœur ! ». Pourquoi donc ! Elle a presque honte de

l'avouer ; mais, réflexion faite, elle le dit. Eh bien ! elle aime trois sangsues qu'elle a sur sa cheminée. Qu'en faire ? les donner ? elle ne le fera pas, de crainte qu'elles passent à des mains peu soigneuses. Les laisser mourir ? il n'est permis à personne de faire mourir un être sorti des mains de Dieu, si petit soit-il. Elle prend le seul parti qui lui reste, et les conserve.

Beaucoup de gens ne s'expliquent pas cette bizarre application des facultés aimantes. Que voulez-vous ? il faut deviner et analyser, en matière de sentiment : ce qui d'abord paraissait absurde, on le trouve touchant après examen. Si Eugénie aime ces sangsues, c'est qu'elles ont été apportées pour Charles ; que Charles est venu avec Caroline, la blonde fiancée, et que Caroline est venue pour Maurice. Comment trouvez-vous cet enchaînement dans les affections, rapportant tout à un objet ? Les sangsues, tant calomniées par les méchantes gens, sont d'ailleurs fort reconnaissantes ; elles se rendent utiles. C'est un baromètre à bon marché ; il marque même toujours *beau* : c'est pour cela qu'on les garde. *Beau,* cela veut dire : Maurice va bien, il ne tousse pas, il guérira !

Maurice ! C'est le mot de cette vie. Il ne faut pas penser qu'un cœur de femme ait place pour tout le monde, surtout un cœur comme celui d'Eugénie. Maurice a empêché que rien plus n'y entrât : cela ne veut pas dire qu'elle n'aimât rien hors de lui, mais elle l'aimait plus que tout. Le jour de son départ était toujours le plus lugubre de l'année. Ce n'était pas une douleur vulgaire, lot ordinaire des femmes, qui se traduit en sanglots et en regrets bruyants, mais une douleur morne et muette dont l'étendue et la profondeur ne sauraient être mesurées. Bien avant l'aurore, elle est debout, près du frère chéri qui va partir. Elle l'accompagne sur le chemin jonché des feuilles d'automne, et c'est au pied d'une croix qu'Eugénie laisse le voyageur. On se dit plus d'un adieu, on se donne plus d'un baiser, on se sépare, on se retourne pour se voir encore ; deux mouchoirs blancs s'agitent, puis on est seul des deux côtés ! Voyez d'ici la *pauvrette :* elle pleure en égrenant son petit chapelet ; elle pleure, car il est si faible... S'il allait être malade chez des étrangers ! s'il allait ne pas revenir !... Tout est vide à la maison ; « le roi lui-même n'y apporterait pas un peu de joie. » Personne dans la chambre. Que la chambre d'un absent est triste ! on le voit partout sans le trouver nulle part. Voilà ses souliers sous le lit, la table toute garnie, le miroir suspendu au clou ; entre ces quatre murs, il n'y a que le livre qu'*il* lisait hier au soir avant de s'endormir et *elle* qui « l'embrassait, le touchait, le voyait. » A cette vue, sa résignation est ébranlée, le cœur lui manque, la douleur déborde :

« Qu'est-ce que ce monde où tout disparaît ? Maurice,
» mon cher Maurice, *oh! que j'ai besoin de toi et de*
» *Dieu!!* En te quittant, j'ai couru à l'église, où l'on
» peut prier et pleurer *à son aise.* Comment fais-tu,
» toi, qui ne pries pas, quand tu es triste, que tu as
» le cœur brisé ? Pour moi, *je sens que j'ai besoin*
» *d'une consolation surhumaine, qu'il faut Dieu pour*
» *ami quand ce qu'on aime fait souffrir.* »

La monotonie n'est pas sans charmes ; on s'y fait comme le soldat à la discipline. Chaque matin, levée avec le premier rayon du soleil qui vient dorer sa sainte Thérèse, Eugénie, leste comme une vraie fille de l'Albigeois, court entendre la messe basse à sa chère petite église d'Andillac. Elle prend de préférence les petits sentiers des prés. La messe dite, elle rentre, un gros bouquet de bluets dans son tablier : c'est pour son oratoire. Après avoir jeté dans la maison ce coup d'œil particulier aux bonnes ménagères, tant ordonné et commandé, elle se sauve dans sa petite chambre. Son plus grand plaisir est de se retirer dans cet asile : les oiseaux s'y hasardent et font un perchoir de ses contrevents verts pour porter la becquée à leurs petits sur les ormeaux voisins. Elle l'aime à la folie, et se trouve là tout à fait chez elle, *at'home*, suivant l'intraduisible expression anglaise. Elle se plaît dans cette cellule comme aux plus beaux endroits du monde. Elle en fait ce qu'elle veut, un salon, une église, une académie. Elle y entretient des relations avec Fénelon, Lamartine, Chateaubriand, sainte Thérèse de Jésus, tous esprits avec lesquels elle a des affinités. Les petits oiseaux l'accompagnent lorsqu'elle prie ; entre deux oraisons, elle écoute leur ramage et réfléchit que peut-être ils prient mieux avec leurs coups de gosier capricieux qu'elle avec sa prière. Elle craint de n'avoir jamais fait un acte de foi et d'amour comparable au premier chant du rossignol que, un peu ambitieusement, elle appelle le *chef d'orchestre* du grand concert. L'après-midi se passe à coudre, à repasser, à filer. Si l'ennui tente de l'envahir, elle le chasse et tue les pensées noires à coups d'aiguille. Elle s'excuse de n'avoir pas écrit : « Que veux-tu, Maurice, j'ai fait une » coëffe qui m'a pris tous mes moments. Pourvu » qu'on travaille, soit de tête, soit des mains, c'est » bien égal. J'espère donc que ma coëffe me tiendra » lieu du reste. »

Si elle ne savait que l'impatience est un péché, elle se dépiterait comme font nos ménagères. Ainsi s'il faut faire préparer à dîner « pour quarante bêcheurs, menuisiers ou je ne sais quoi ; » si elle est forcée de s'établir à la cuisine, de *trottiner* d'un coin dans l'autre, les mains dans les *oulos* et aux fourneaux, elle avoue bien que cela l'ennuie : « Oh! que j'aimerais bien » mieux être à ma chambrette, avec mon livre ou ma » plume... Ce serait plus gentil d'écrire à Maurice que » de faire des plats de soupe. Mais pourquoi me plain-» dre ? Faisons ma soupe de bonne grâce... Les saints » souriaient à tout, et l'on dit que sainte Catherine de » Sienne faisait la cuisine avec joie. Elle y trouvait de » quoi méditer beaucoup. Je le crois, quand ce ne » serait que la vue seule du feu et les petites brûlures » qu'on se fait et qui font penser au purgatoire. »

Les cuisines de châteaux ont toujours quelque chose de sombre ; on ne s'y plaît que l'hiver, devant l'âtre immense, quand brûle la bûche du *Nadalet*. Elle aime mieux veiller à sa lessive, au bord du ruisseau, et l'étendre au soleil en fredonnant un cantique ou une ballade : « Il fait bon étendre du linge blanc sur » l'herbe ou de le voir flotter sur des cordes. On est,

» si l'on veut, la *Nausicaa* d'Homère ou une de ces
» princesses de la Bible qui lavaient les tuniques de
» leurs frères. »

Pour tant qu'elle aime les livres, elle les plante là
dès qu'il faut faire la *croustado*. La *croustado* est le
plat national.

Du reste, elle a de nombreuses occupations ; ses
poulets viendraient sous ses fenêtres lui rappeler qu'il
est l'heure de leur déjeuner, si, par mégarde, elle l'ou-
bliait. Un voyageur demande parfois l'hospitalité ; on
lui donne le vivre et le gîte. Eugénie a des attentions
pour les plus pauvres ; elle leur prépare une douceur,
du jambon au sucre, par exemple, et se trouve bien
dédommagée par l'appétit de son hôte et la façon dont
il se lèche les doigts.

De loin en loin, il vient des visites de Cordes, de
Gaillac ; alors on s'amuse. Eugénie est toute à tous ;
elle danse au besoin et se prête à toutes les joies de
ses amis, ainsi qu'à leurs amusements, *seulement pour
leur être agréable*. Elle a regret de n'être pas musi-
cienne, et, plus d'une fois, il lui échappe de s'écrier :
« Oh ! si je savais la musique ! On dit que c'est *si bon*
pour les malaises de l'âme ! » Elle ne sait pas la musique ; tout de même, aux jours de bonheur, quand
le facteur apportait une lettre de Maurice, elle chanta
plus d'une fois, tandis que *Mimin* l'accompagnait au
clavecin : *Ay réncountra ma migo dilus...* et autres
bluettes, remontant peut-être aux troubadours de la
belle Adélaïs de Toulouse.

Viennent aussi les incidents ; le plus insignifiant est

consigné au journal : « Je suis furieuse contre la chatte
» grise. Cette méchante bête vient de m'enlever un
» petit pigeon que je réchauffais au coin du feu. Il
» commençait à revivre, le pauvre petit ; je voulais
» le priver : *il m'aurait aimée !* Et voilà tout cela cro-
» qué par *un chat !* » Et sur ce triste fait, qu'elle
qualifie d'*événement*, elle s'écrie langoureusement :
« Que de mécomptes dans la vie ! »

Le soir, M. de Guérin, fatigué de la vie active qu'il
mène, appelle Eugénie, la baise au front et lui donne
la *Gazette*. Eugénie lisait bien — qualité fort rare ! —
elle comprenait, elle sentait, elle donnait une âme à
tout ce qui sortait de ses lèvres. Philosophie, histoire,
poésies, on lisait de tout, après la *Gazette*. On politi-
quait, et, plus d'une fois, Eugénie plaça son petit mot
malin contre Louis-Philippe.

Le hasard voulait parfois qu'en cherchant un vo-
lume, la lectrice en trouvât qui lui déplaisaient.
C'étaient les *Lettres galantes d'une religieuse*, la *Con-
fession générale d'un chevalier galant*, et autres ouvrages de bonne odeur laissés dans la bibliothèque
par la tolérance des aïeules. Alors elle les glissait dans
sa poche, non pas pour en faire les compagnons nocturnes de l'oreiller — comme font nos ingénues —
mais pour de nocturnes auto-da-fés. Comme on n'était
pas *bigots* — Eugénie moins que personne — on lisait
les œuvres du jour. La figure diabolique de Claude
Frollo ne scandalisait nullement les châtelaines. Hugo
ne convenait pas par toutes les faces de son génie à
notre héroïne ; le genre *roucoulant* de Lamartine lui

allait mieux : après sa prière du soir, elle relut mille fois le *Lac* ou le *Crucifix*. Molière fut jugé par elle un des écrivains le plus français et le plus habiles dans l'art des vers. Elle préférait les *Femmes savantes* et les *Précieuses ridicules* : le défaut de naturel lui semblait le plus grand ridicule qui puisse déparer une femme.

Ce qui fournissait surtout la causerie, c'était l'absent, *Maurice !* Ses articles étaient commentés et exaltés comme on commente, comme on exalte ce qu'on aime. Dans son pays , tout le monde l'adorait, car le temps n'était pas encore venu des petits bourgeois hargneux, jaloux et mécontents de tout. Seule Eugénie avait su le comprendre. Ce serait affaiblir la vérité et la refroidir que de reproduire ces continuelles alarmes, ces conseils timidement donnés sous forme d'apologue, ces angoisses de toute une vie : tout le monde les a lus d'ailleurs.

Avec Maurice, tout était splendide sous le soleil, jusqu'à la pauvreté. La nature était un tableau fait pour deux , étudié à deux et plein d'images riantes.

Un jour triste et nébuleux apporta la nouvelle de la maladie de Maurice. C'était un germe inné qui, fatalement, se développa. Les illusions furent possibles dans les premiers temps ; on fit prier le prince de Hohenloë ; les pélerinages, les neuvaines furent inutiles. Maurice arriva juste à temps pour presser encore quelques heures sa bonne sœur dans ses bras; puis il mourut. Les parents, les amis venaient en foule au Cayla ; la berceuse du mort y vint aussi : les sympathies pleuvaient. Mon Dieu! ce qu'il fallait à Eugénie, ce n'était plus la sympathie de quelques âmes vulgaires : il y a des deuils que l'homme ne comprend pas, que Dieu seul peut alléger. Son journal est désormais adressé à Maurice, au ciel. Que faire sur terre ? Un moment, elle forme le dessein d'aller instruire les petits Arabes, avec Mme Viala, de Gaillac : la tombe verte où *il* dort sous les fleurs la retient. Elle n'ira pas plus en Afrique qu'aux dames de Saint-Vincent de Paul ; dans les larmes, elle attendra que Dieu la rappelle : il n'appartient à personne de troubler une aussi grande douleur. C'est à partir de son deuil que ce journal est le plus *sublime*. Personne n'a pleuré, n'a aimé ainsi.

Je ne sais qu'un livre, c'est le *Récit d'une sœur*, de Mme de La Ferronnays, qui puisse exercer sur les jeunes cœurs une aussi salutaire influence. Encore même ce dernier ouvrage ne saurait être comparé à celui d'Eugénie. Beaucoup plus naturel, et qu'on peut qualifier en deux mots, il tient sous le charme : c'est une vraie fleur du Midi. Qui sait ? c'est peut-être à quelques ouvrages spiritualistes comme celui d'Eugénie de Guérin que nous devons cette réaction à laquelle tout esprit libre et tout cœur généreux doit apporter son concours pour étouffer le matérialisme sous ses diverses formes ! Une jeune fille, une femme, qui saurait comprendre cette vie et ce journal, serait sainte à moitié.

En finissant, un mot de l'auteur. En traçant, après tant d'autres, une esquisse rapide d'Eugénie de Guérin, il n'a pas eu le dessein d'être complet. Il a voulu donner pour ainsi dire une préface rationnelle à une étude plus sérieuse : celle de MAURICE DE GUÉRIN. Connaissant le milieu dans lequel cette existence s'est agitée, les lieux mêmes dont il est sans cesse question dans le *journal* et les *lettres* publiés par M. Trébutien ; appartenant lui-même au pays de l'Albigeois, il se propose d'aborder incessamment ce travail, dans lequel il espère présenter cet écrivain, mort quand la fortune et l'avenir commençaient à lui sourire, sous son vrai jour et avec tous les caractères de son génie de poète et d'artiste.

Sauveterre-d'Aveyron, le 40 mai 1868.

Nimes. — Impr. J.-B. ROUCOLE, Grand Cours, près la Poste.